Die Welt ausmalen 2: Das Malbuch für Erwachsene mit Fernweh

Komplette Entspannung und Stressabbau durch das Bemalen von zauberhaften Motiven exotischer Orte

Erste Auflage

Kreative Malfabrik

Copyright © 2020 Kreative Malfabrik

Alle Rechte vorbehalten.

ANLEITUNG

Reisen Sie und verleihen Sie der Welt Farbe, während Sie gemütlich in Ihrem Wohnzimmer entspannen.

Die Arbeit und täglichen Herausforderungen können sehr stressreich sein. Oft sehnt man sich nach dem nächsten Urlaub. Mit diesem neuen Malbuch erleben Sie spannende Reisen wann immer Sie möchten - ganz gemütlich von Ihrem Zuhause aus.

In dieser Ausgabe verleihen Sie berühmten Sehenswürdigkeiten und Tieren von den beliebtesten Reisezielen und exotischen Ländern Farbe.

Denn dieses Malbuch ist besonders für Reiseliebhaber gestaltet. Sie entdecken spannende neue Orte, während Sie zuhause malen.

Jedes Motiv wird von informativen Texten begleitet, so erfahren Sie Wissenswertes über die Hintergründe der Sehenswürdigkeiten, Länder und Tiere.

Das Malbuch enthält insgesamt 24 Malvorlagen von spannenden Orten aus 12 verschiedenen Ländern. Es sind teilweise komplexe Motive der wichtigsten Sehenswürdigkeiten oder Tiere typisch für das jeweilige Reiseziel.

INHALTSVERZEICHNIS

1 BANGLADESCH **5**

    1.1   Das Parlamentsgebäude in Bangladesch 5

    1.2   Der Bengalische Tiger 5

2 DEUTSCHLAND **9**

    2.1   Schloss Neuschwanstein 9

    2.2   Der Deutsche Schäferhund 9

3 DIE VEREINIGTEN STAATEN VON AMERIKA **13**

    3.1   Freiheitsstatue 13

    3.2   Weißkopfseeadler 13

4 KANADA **17**

    4.1   Der Skylon Tower - Niagarafälle 17

    4.2   Der Elch 17

5 CHINA **21**

    5.1   Die Große Mauer von China 21

    5.2   Pandabär 21

6 KAMBODSCHA **25**

    6.1   Angkor Wat 25

    6.2   Affe 25

7 FRANKREICH **29**

    7.1   Eiffelturm 29

    7.2   Der Hahn 29

8 ENGLAND **33**

    8.1   Big Ben 33

    8.2   Löwe 33

9 KOLUMBIEN **37**

    9.1   Plaza del Bolívar 37

    9.2   Der Andenkondor 37

10 PERU **41**

    10.1   Machu Picchu 41

    10.2   Alpaka 41

11 NEUSEELAND **45**

    11.1   Der Sky Tower 45

    11.2   Der Kiwi 45

12 RUSSLAND **49**

    12.1   St. Basilius-Kathedrale 49

    12.2   Bär 49

1 BANGLADESCH

Bangladesch ist das grünste Land Südasiens, welches von Flüssen und einer reichen Kultur durchzogen ist, die nur darauf wartet, von den Besuchern erkundet zu werden. Eine Reise mit dem Boot ist eine großartige Möglichkeit, die sagenhaften Teile des Landes samt dessen üppig grünen Landschaften zu erleben.

1.1 Das Parlamentsgebäude in Bangladesch

Das National Parliament House ist das Parlamentsgebäude von Bangladesch und befindet sich in Sher-e-Bangla Nagar, Dhaka. Es wurde vom Architekten Louis Kahn entworfen und ist einer der größten Parlamentskomplexe der Welt. Es zählt zu den bedeutendsten Gebäuden des 20. Jahrhunderts.

1.2 Der Bengalische Tiger

Der bengalische Tiger ist das Nationalsymbol von Bangladesch und gehört zu den gefährdeten Arten. Als solche ist er durch Wilderei und Zersplitterung des Lebensraums bedroht. Keine der Naturschutzlandschaften in seinem Verbreitungsgebiet ist groß genug, um eine effektive Zunahme der Population zu gewährleisten.

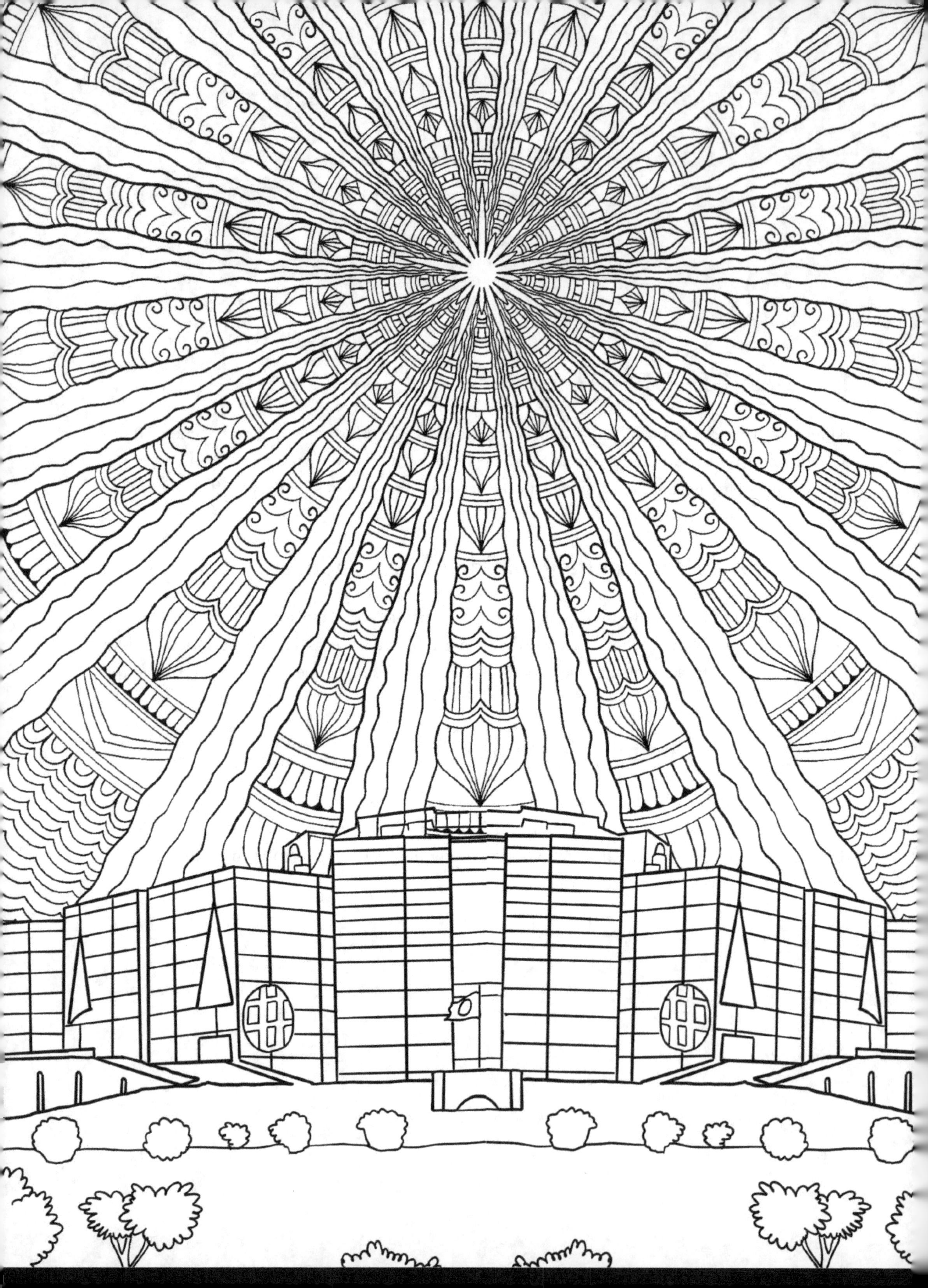

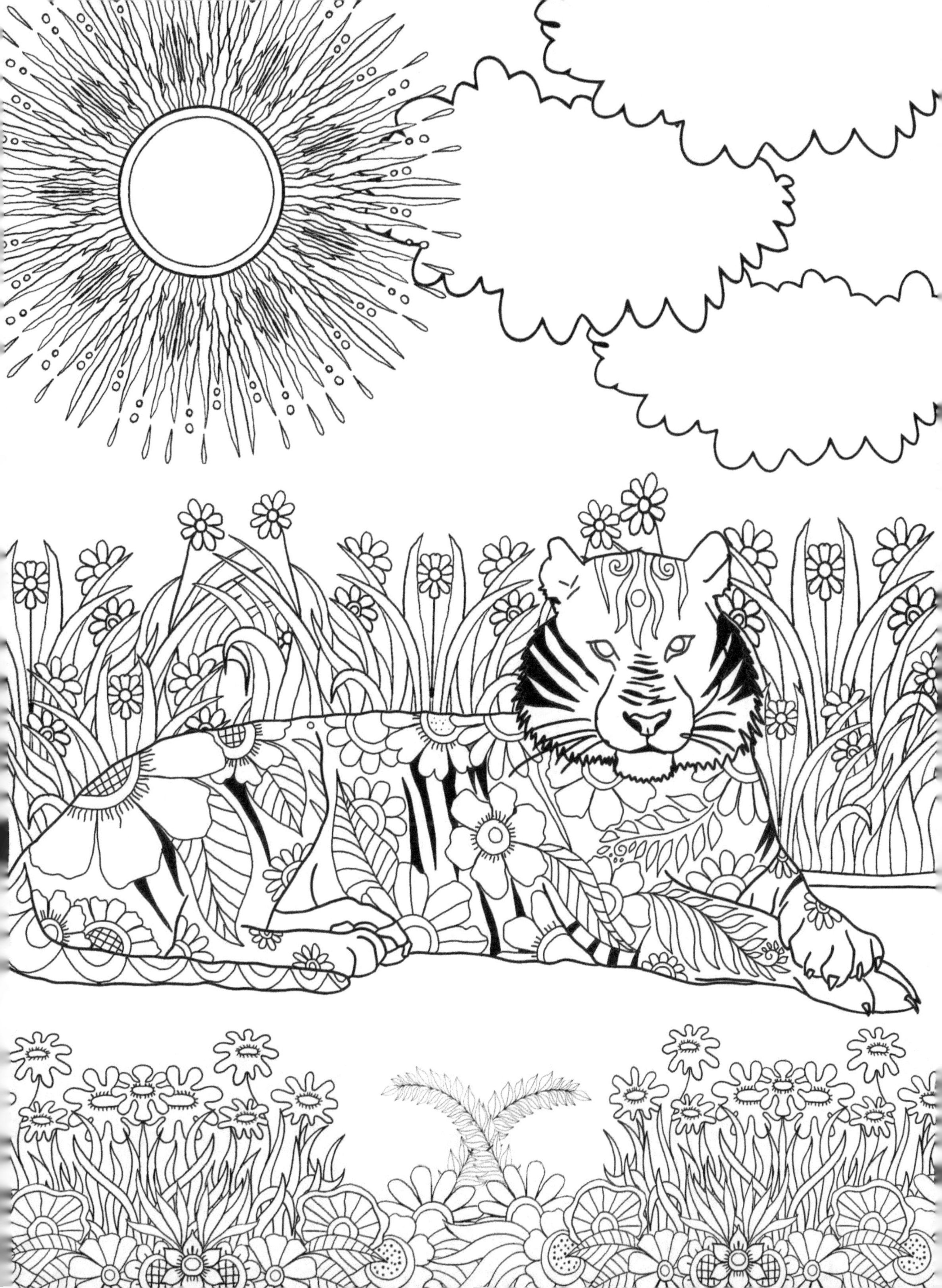

2 DEUTSCHLAND

Deutschland ist ein Land, in welchem das Mittelalter auf die Moderne trifft, vor einem Hintergrund von bewegenden Kulissen und geistreicher Kultur. Machen Sie sich bereit, einige herausragende Feste und Gaumenfreuden zu genießen, während Sie sich in einigen der romantischen Paläste und Prachtstücke der Großstadt aufhalten. Deutschland steht aufgrund seiner exotischen Speisen und Getränke auf der Reiseliste der meisten Feinschmecker.

2.1 Schloss Neuschwanstein

Schloss Neuschwanstein ist ein vom Mittelalter inspirierter Palast aus dem 19. Jahrhundert, der auf einem schroffen Hügel in der Nähe von Füssen in Bayern, Deutschland, liegt. Er wurde von dem bayerischen König Ludwig II. als Hommage an und Rückzugsort für Richard Wagner in Auftrag gegeben. Schloss Neuschwanstein war als Residenz für den König zu Lebzeiten gedacht und wurde nach seinem Tod im Jahre 1886 für die Öffentlichkeit zugänglich gemacht.

2.2 Der Deutsche Schäferhund

Der Deutsche Schäferhund ist eine Rasse von mittelgroßen bis großen Hunden und hat ihren Ursprung in Deutschland. Einst als Elsässer bekannt, sind die Deutschen Schäferhunde Arbeitshunde, die für das Hüten von Schafen herangezüchtet wurden. Aufgrund ihrer Stärke, Intelligenz und ihres Gehorsams werden sie jedoch für Arbeiten wie Such- und Rettungsdienste, Behindertenhilfe, militärische Aufgaben usw. bevorzugt.

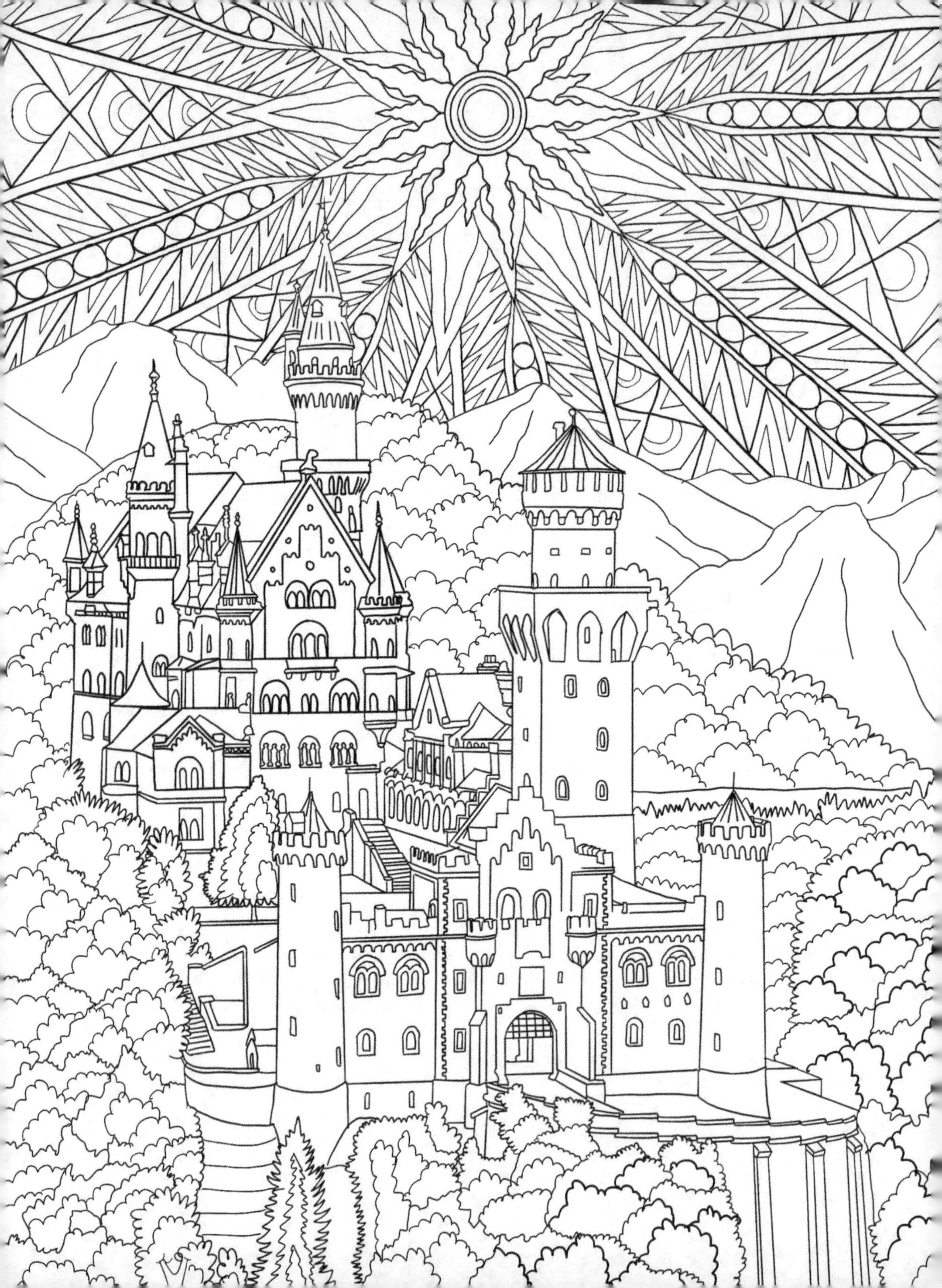

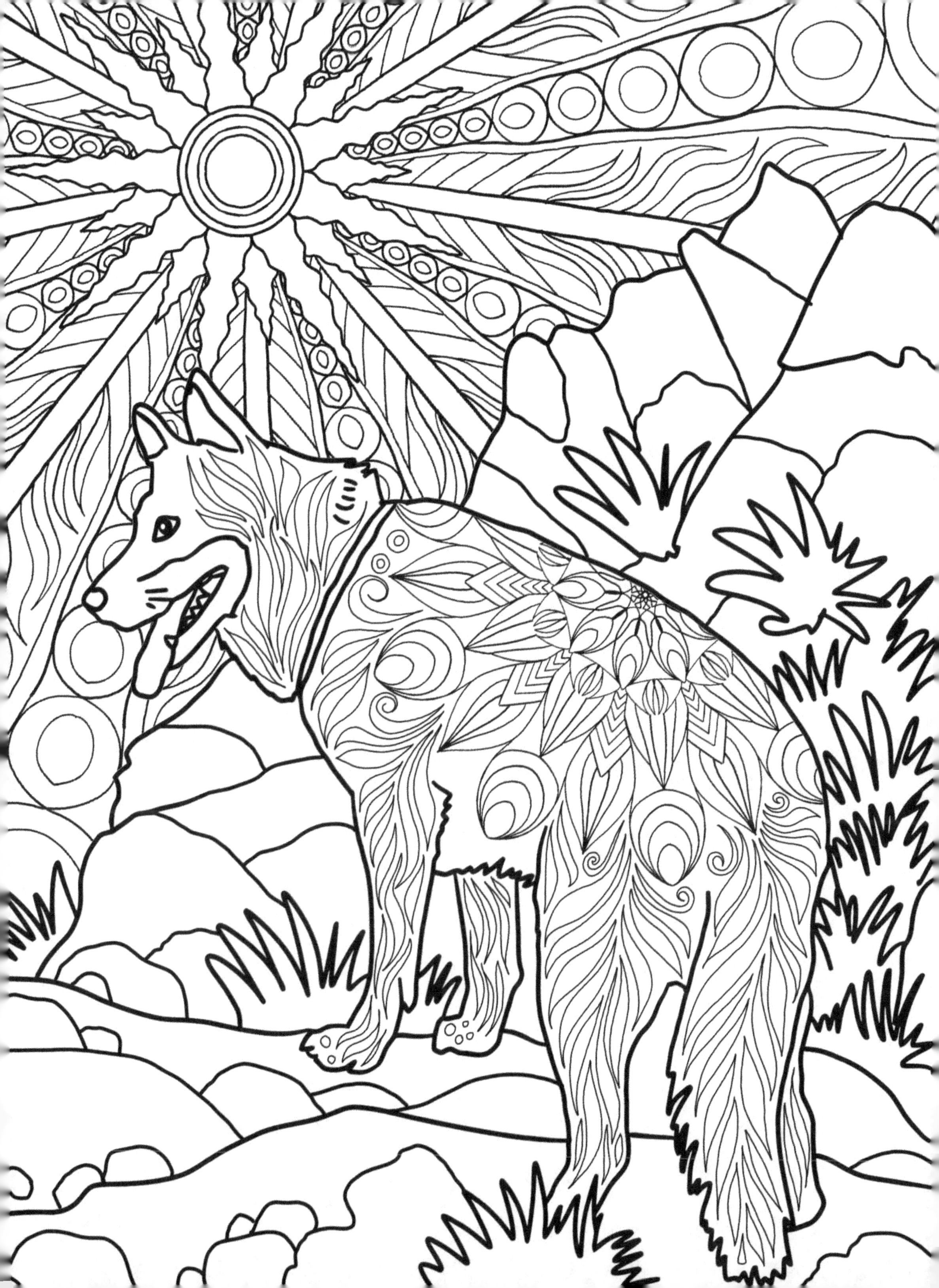

3 DIE VEREINIGTEN STAATEN VON AMERIKA

Amerika bietet zahlreiche Erlebnisse, von den gemütlichen Nachmittagen am Strand bis hin zum sagenumwobenen Nachtleben in Las Vegas und LA. Es ist ein Land voller Megametropolen, die nur so mit unterschiedlichen Kulturen, kulinarischen Variationen und Unterhaltung pulsieren. Jede Stadt verleiht diesem bemerkenswerten Land ihre einzigartige Note.

3.1 Freiheitsstatue

Die Freiheitsstatue ist eine kolossale neoklassizistische Skulptur auf Liberty Island im Hafen von New York, New York City, USA. Diese Kupferstatue wurde vom französischen Bildhauer Frédéric Auguste Bartholdi entworfen, von Gustave Eiffel gebaut und war ein Geschenk der französischen Nation an das amerikanische Volk.

3.2 Weißkopfseeadler

Der Weißkopfseeadler ist ein Raubvogel und ein Nationalsymbol Amerikas. Es handelt sich um einen Seeadler mit zwei Subspezies, der in der Nähe großer Gewässer, mit alten Bäumen als Nistplatz und reichlich Nahrung, zu finden ist.

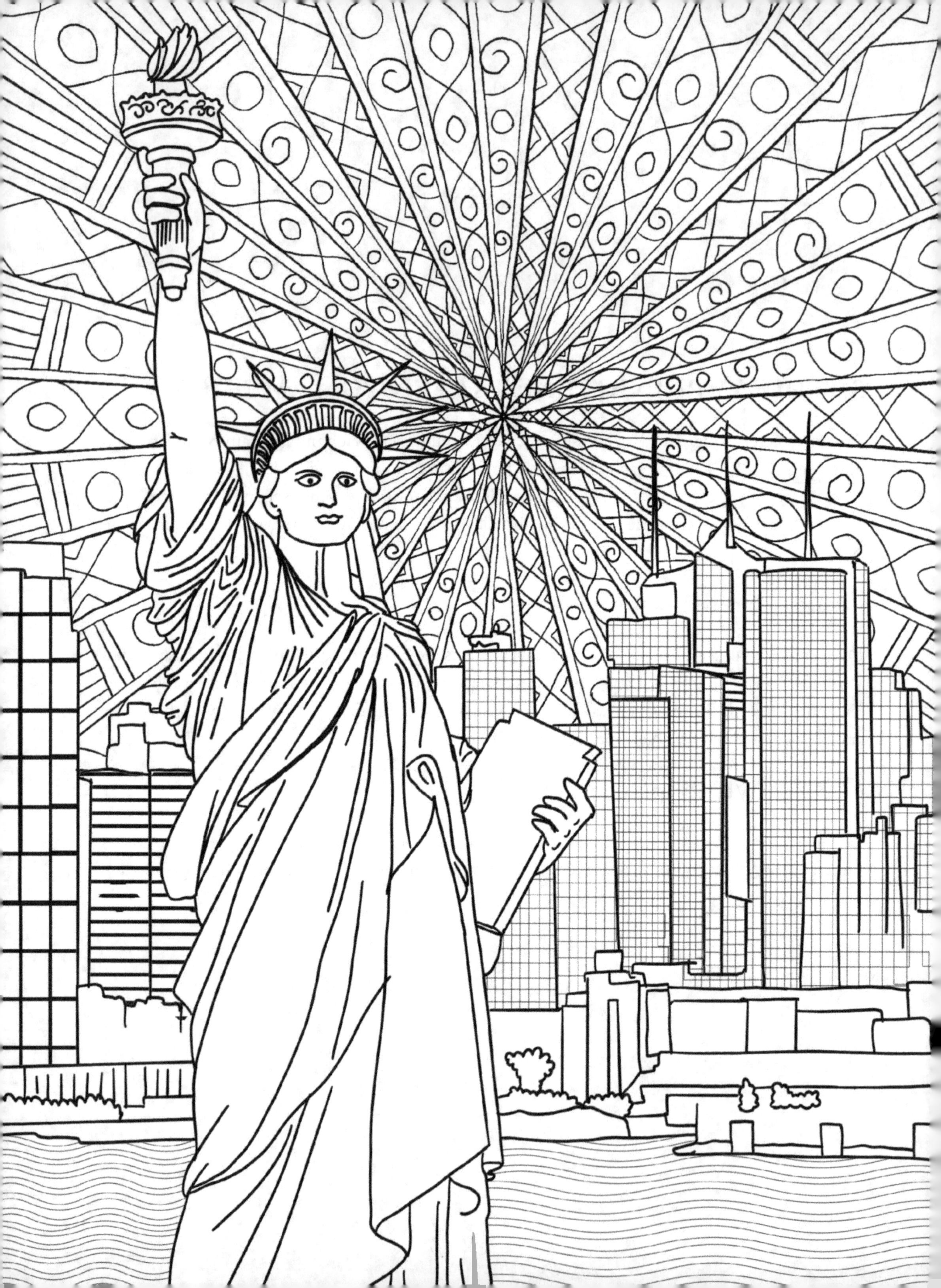

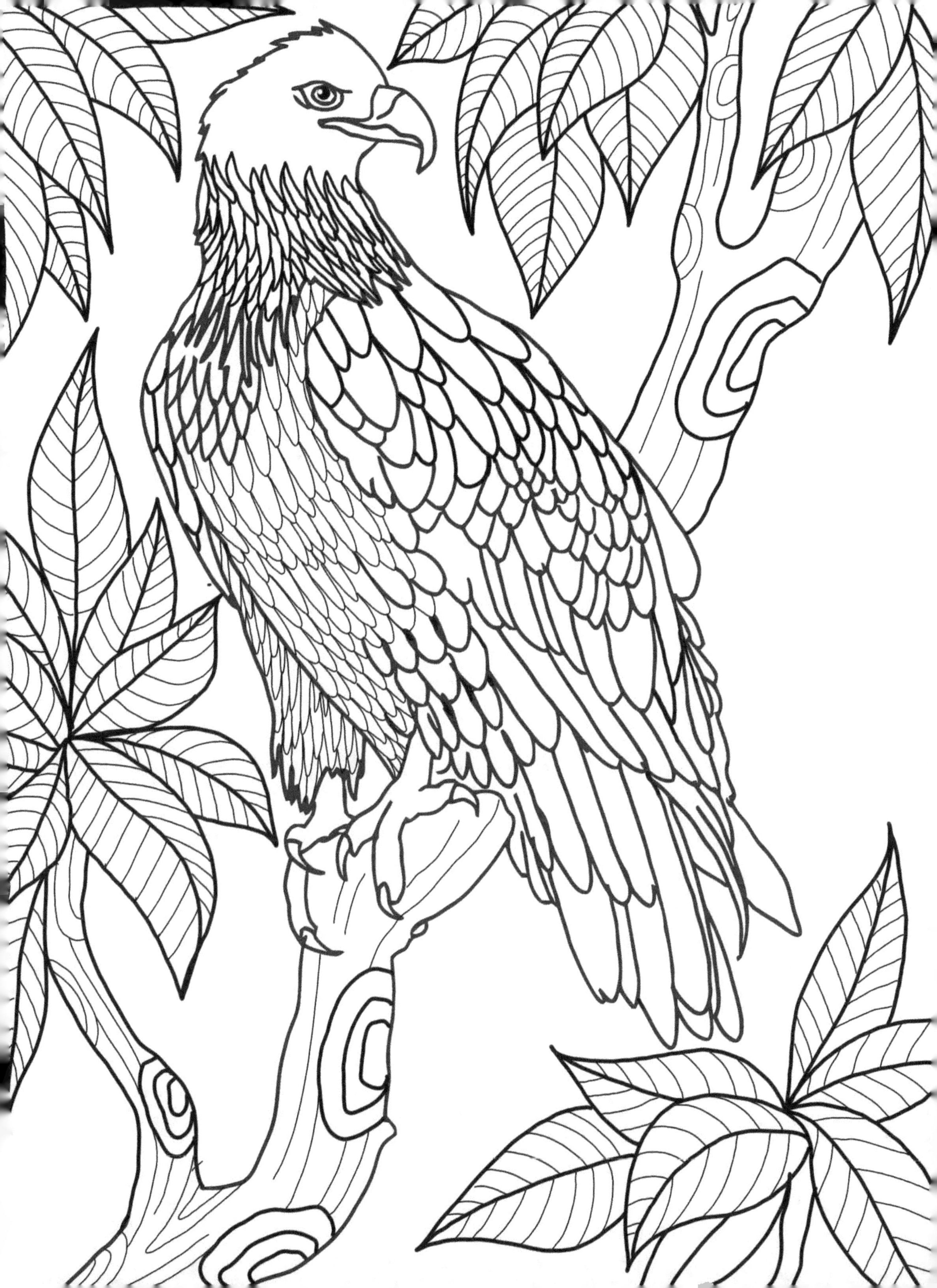

4 KANADA

Kanada ist ein weiteres, vielseitiges Land mit wuchtigen Bergen, einer atemberaubenden Küstenlinie und einer außergewöhnlichen Küche. Es ist das zweitgrößte Land der Welt mit einer unendlichen Vielfalt an Landschaften - von glitzernden Gletschern und Regenwäldern bis hin zu Bergen, die in den Himmel reichen, und ausgedehnten Stränden. Die beeindruckenden Landschaften und die abwechslungsreiche Kultur machen es einen Besuch wert.

4.1 Der Skylon Tower - Niagarafälle

Der Skylon Tower in Niagara Falls, Ontario, ist ein Aussichtsturm. Er überblickt sowohl die American Falls, New York, als auch die Horseshoe Falls, Ontario. Er wurde 1965 eröffnet und ist einer der beliebtesten Hotspots für Touristen, die gerne die atemberaubende Aussicht auf die beiden Wasserfälle genießen.

4.2 Der Elch

Der Elch ist die größte Spezies in der Familie der Hirsche, die sich durch ein breites und flaches Geweih der Männchen auszeichnet, das sich vom Geweih seiner anderen Artgenossen abhebt. Gegenwärtig kommen die meisten Elche in Kanada vor und ihre Nahrung besteht aus Wasser- und Bodenpflanzen. Es ist eine Einzelgänger- Art, die für gewöhnlich keine Herden bildet.

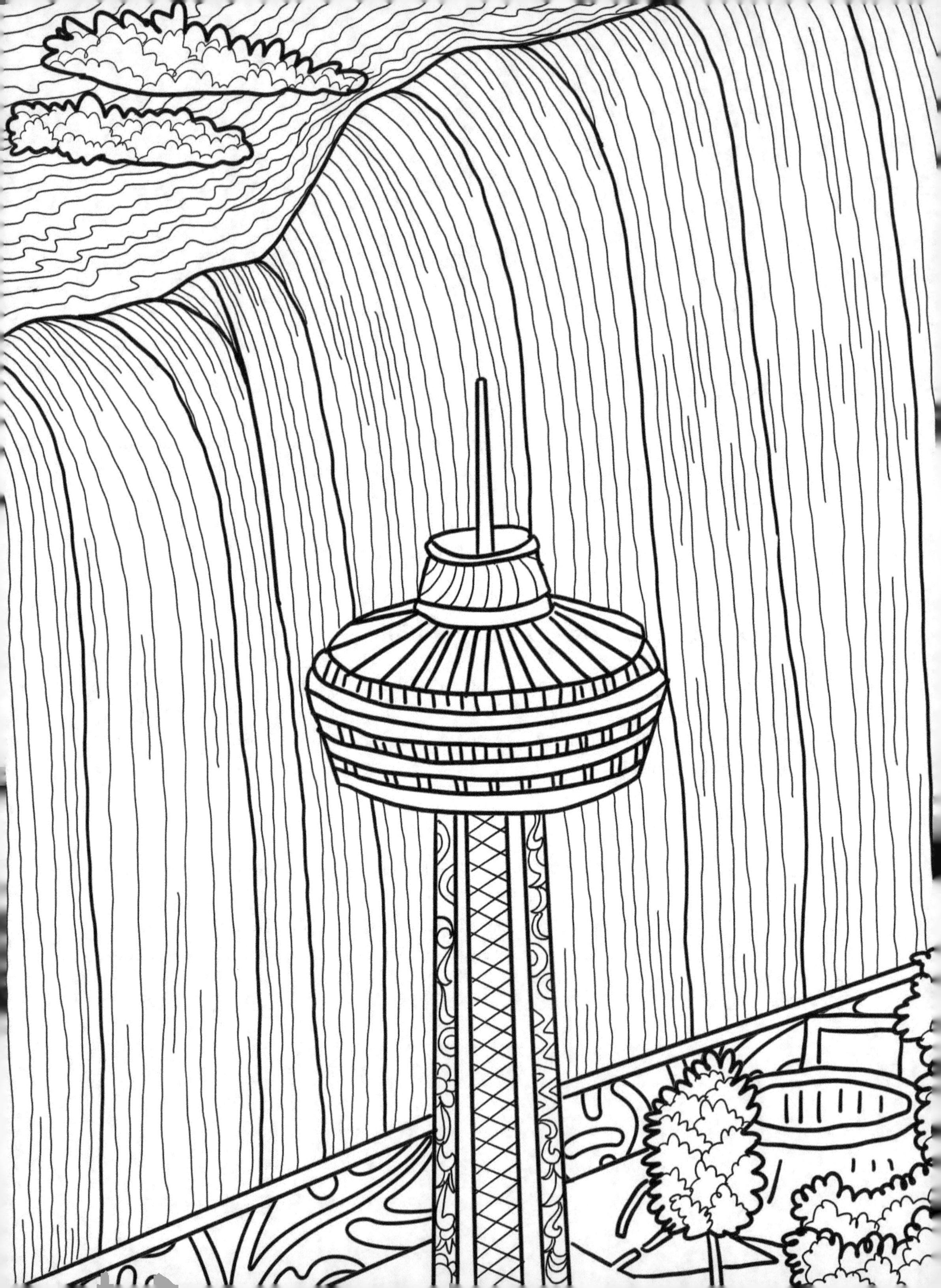

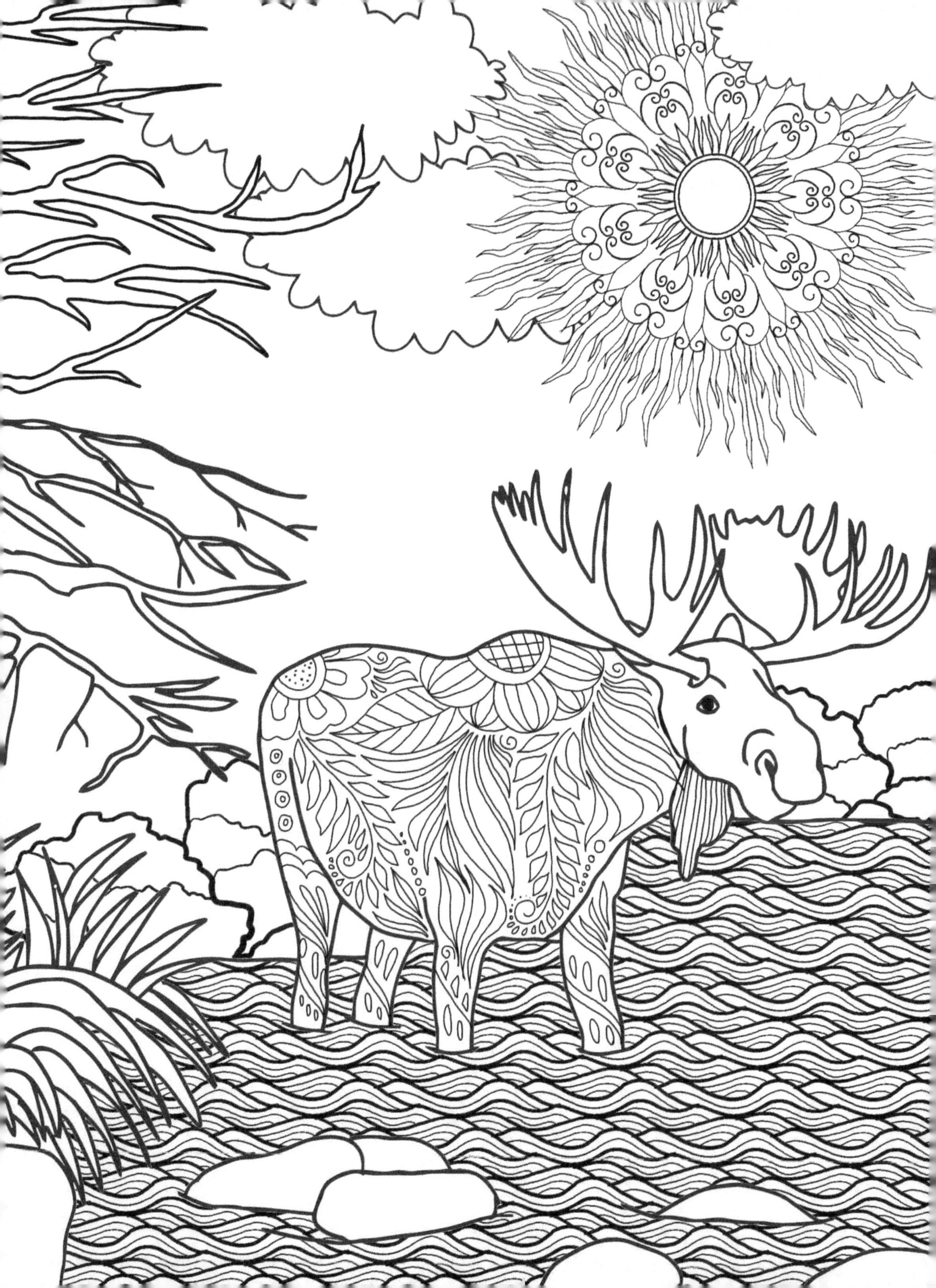

5 CHINA

China ist ein modernes Land, das die älteste Zivilisation der Welt repräsentiert. Alles dreht sich um Entwicklung und Planung, welchen Chinas heutiger Status in der Welt zu verdanken ist. Die chinesische Küche ist auf der ganzen Welt für ihre Ausgewogenheit bekannt und das Land bietet gleichzeitig eine große Vielfalt in Bezug auf die Landschaft. Alles in allem machen Sie alles richtig, wenn Sie dieses Land also auf die Liste Ihrer Reiseliste setzen.

5.1 Die Große Mauer von China

Die Große Chinesische Mauer ist eine Reihe von Befestigungen und Strukturen, die entlang der Ost-West-Linie über die nördlichen Grenzen Chinas errichtet wurden, um seine Staaten gegen die Überfälle und Invasionen der Nomadengruppen aus der eurasischen Steppe zu schützen. Sie ist das wundersamste Wahrzeichen Chinas und eine beliebte Sehenswürdigkeit unter Touristen.

5.2 Pandabär

Der Große Panda, auch Pandabär genannt, ist in Süd-Zentral-China beheimatet. Zu seinen charakteristischen Merkmalen gehören große schwarze Flecken um die Augen und Ohren und am ganzen Körper. Seine Nahrung besteht zu 99% aus Bambus; gelegentlich frisst er wilde Knollen, Gräser und sogar Fleisch in Form von Nagetieren, Vögeln usw.

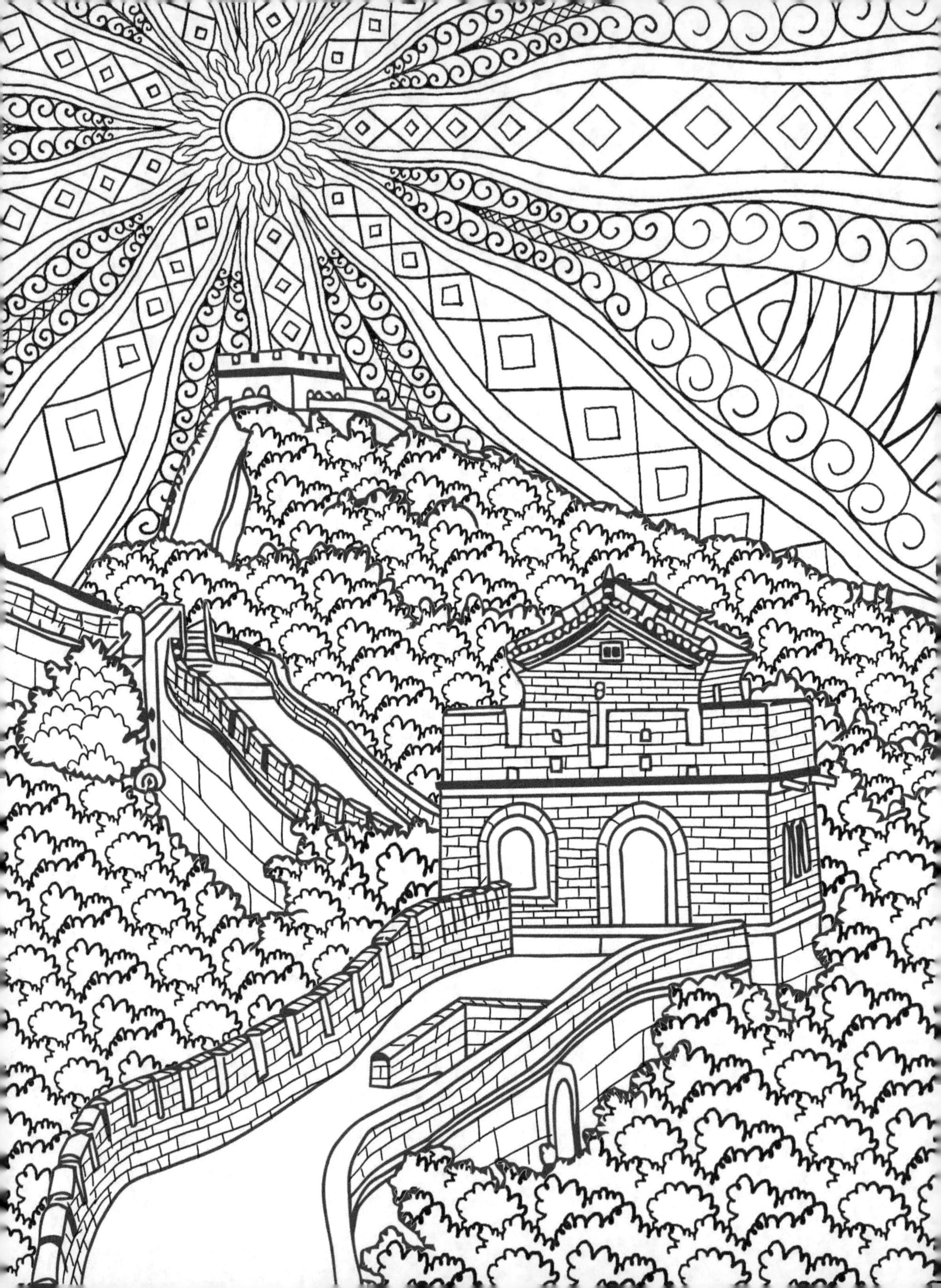

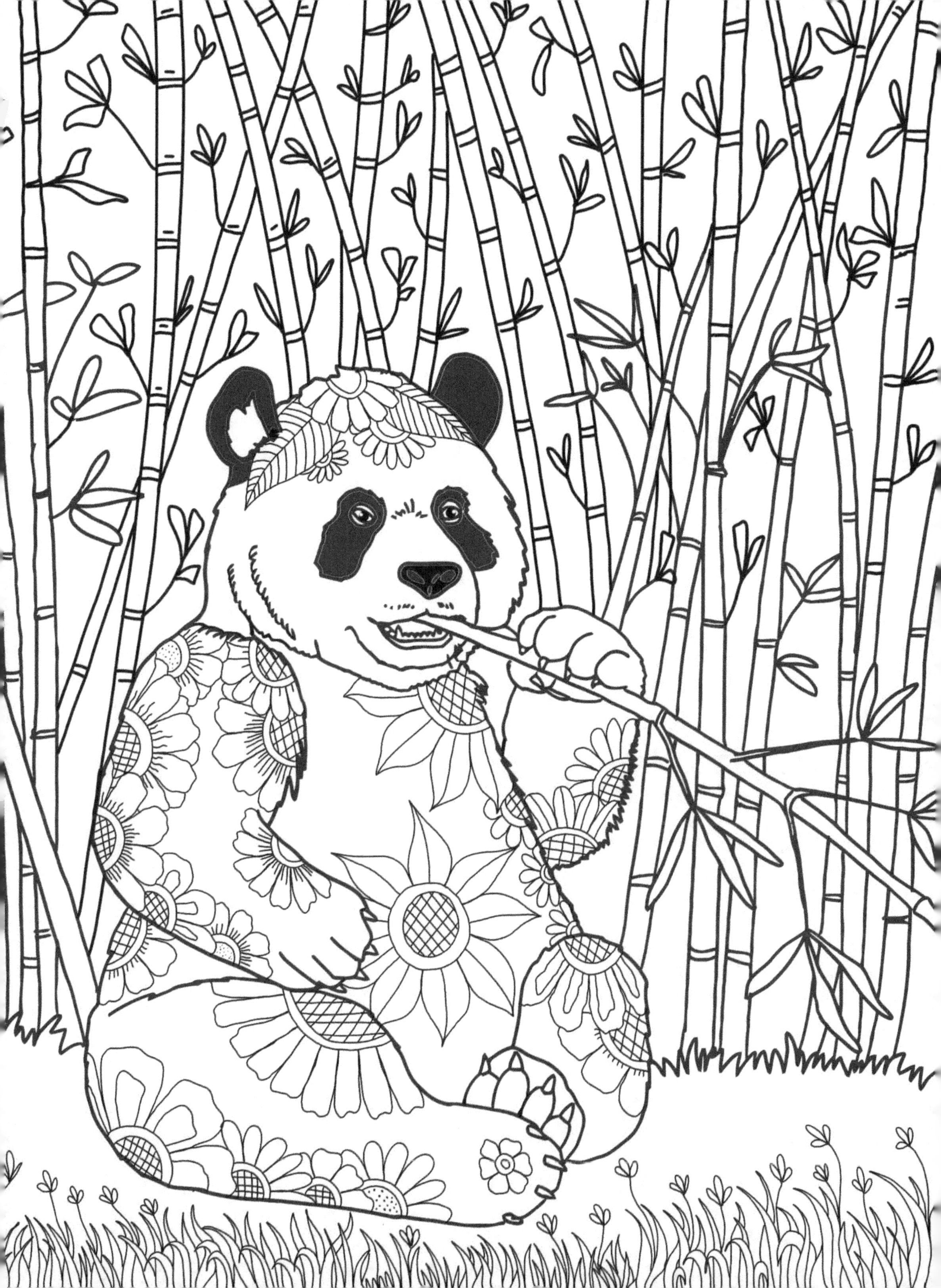

6 KAMBODSCHA

Dieses magische Königreich zieht seine Besucher durch seinen Charme in seinen Bann. Sie werden mit Sicherheit ein einzigartiges Abenteuer erleben, wenn die altertümlichen und modernen Mauern auf authentischste Weise aufeinander prallen. Der Tempel von Angkor und andere Monumente wie der Machu Picchu und Petra bieten den Besuchern das ultimative Abenteuer ihres Lebens.

6.1 Angkor Wat

Angkor Wat ist das beliebteste historische Wahrzeichen Kambodschas. Von den Besuchern geliebt, ist es ein Symbol für den Khmer Genius. Angkor Wat ist in der Welt ohnegleichen. Die Anlage wurde von Suryavarman II. erbaut und ist von einem riesigen Wassergraben umgeben. Der erstaunliche Tempel gilt als einziger seiner Art auf der ganzen Welt.

6.2 Affe

Makaken sind in Kambodscha weit verbreitet und werden oft in der Nähe von Tempeln gesichtet. Ihre größte Population befindet sich in Sihanoukville im Dschungel rund um das Independence Hotel, wo sie tagsüber am Zaun sitzen, mit den Besuchern interagieren und ihnen Bananen abzwacken.

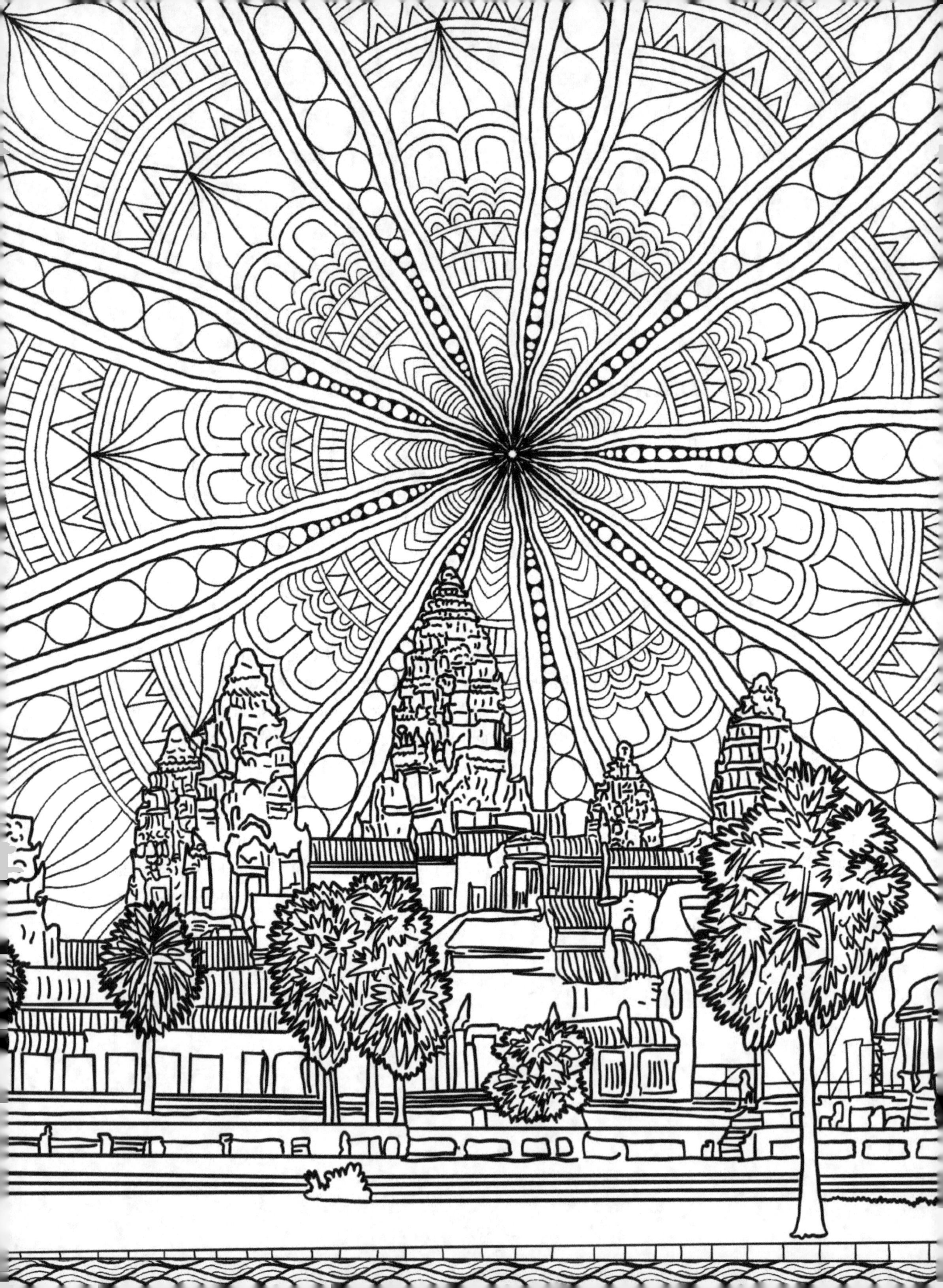

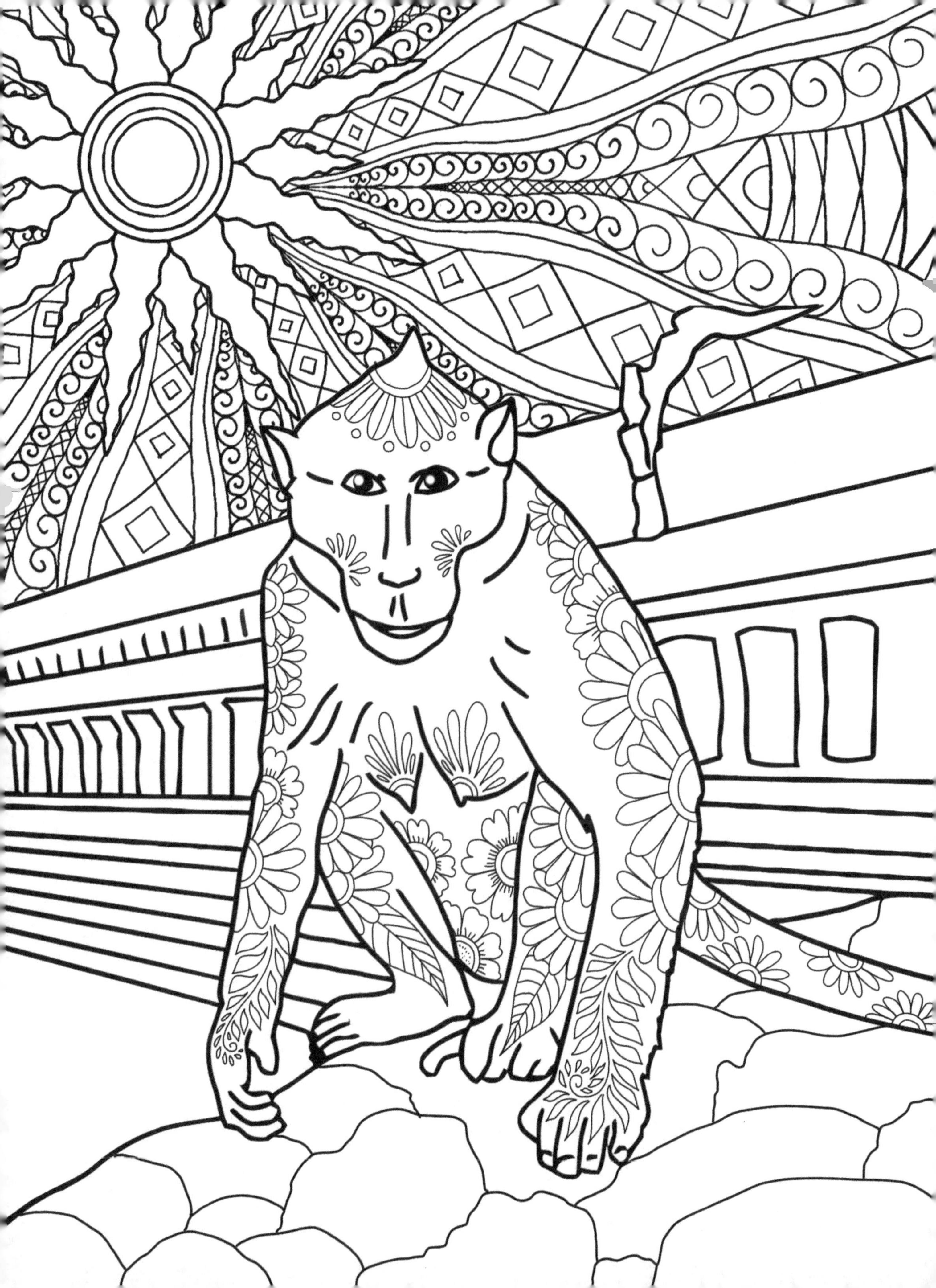

7 FRANKREICH

Frankreich zieht Besucher wegen seiner herausragenden Kultur, den Cafés, den Marktplätzen im Dorfzentrum und Bistros mit Spitzenvorhängen an. Es ist ein Land der Architektur und Kunst von Weltrang mit einigen ikonischen Wahrzeichen wie dem Eiffelturm, die bei Touristen immer wieder Lust auf mehr wecken. Auch die Kultur ist so vielfältig, dass man immer mehr davon kennenlernen möchte.

7.1 Eiffelturm

Der Eiffelturm ist ein schmiedeeiserner Turm, der sich auf dem Champ de Mars in Paris, Frankreich, befindet. Er ist nach Gustave Eiffel benannt, der den Turm entworfen hat und 1887-89 erbaut wurde. Seitdem ist er zu dem ikonischen Wahrzeichen Frankreichs schlechthin geworden. Er ist eines der bekanntesten Denkmäler der Welt und eine Attraktion für Touristen.

7.2 Der Hahn

Der gallische Hahn ist das inoffizielle Nationalsymbol Frankreichs. Der krähende Laut des Hahns wird oft bei vielen Gelegenheiten verwendet, um den Nationalstolz Frankreichs zum Ausdruck zu bringen. Der Hahn dient oft als nationales Maskottchen, insbesondere bei Sportveranstaltungen wie Rugby und Fußball.

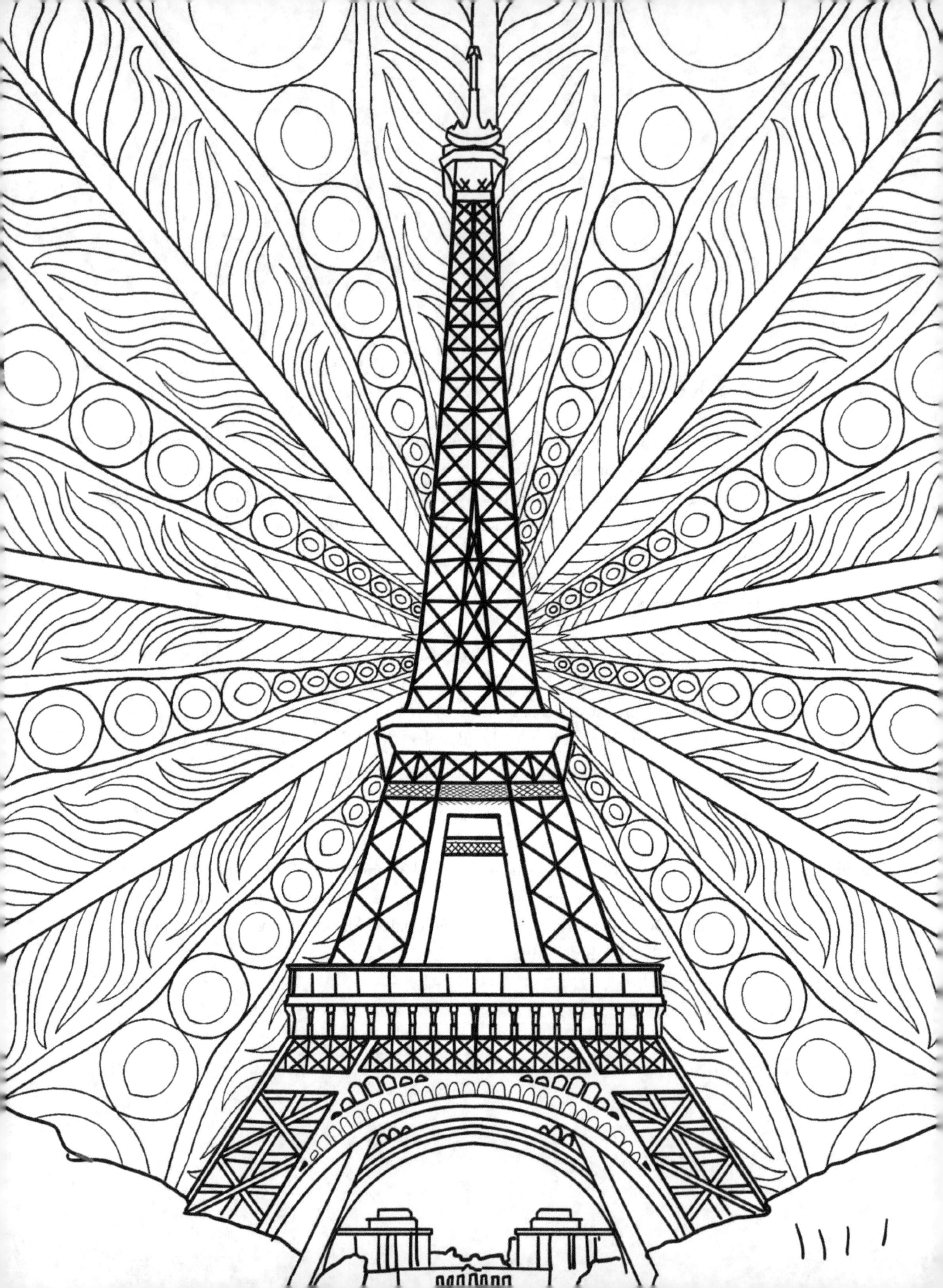

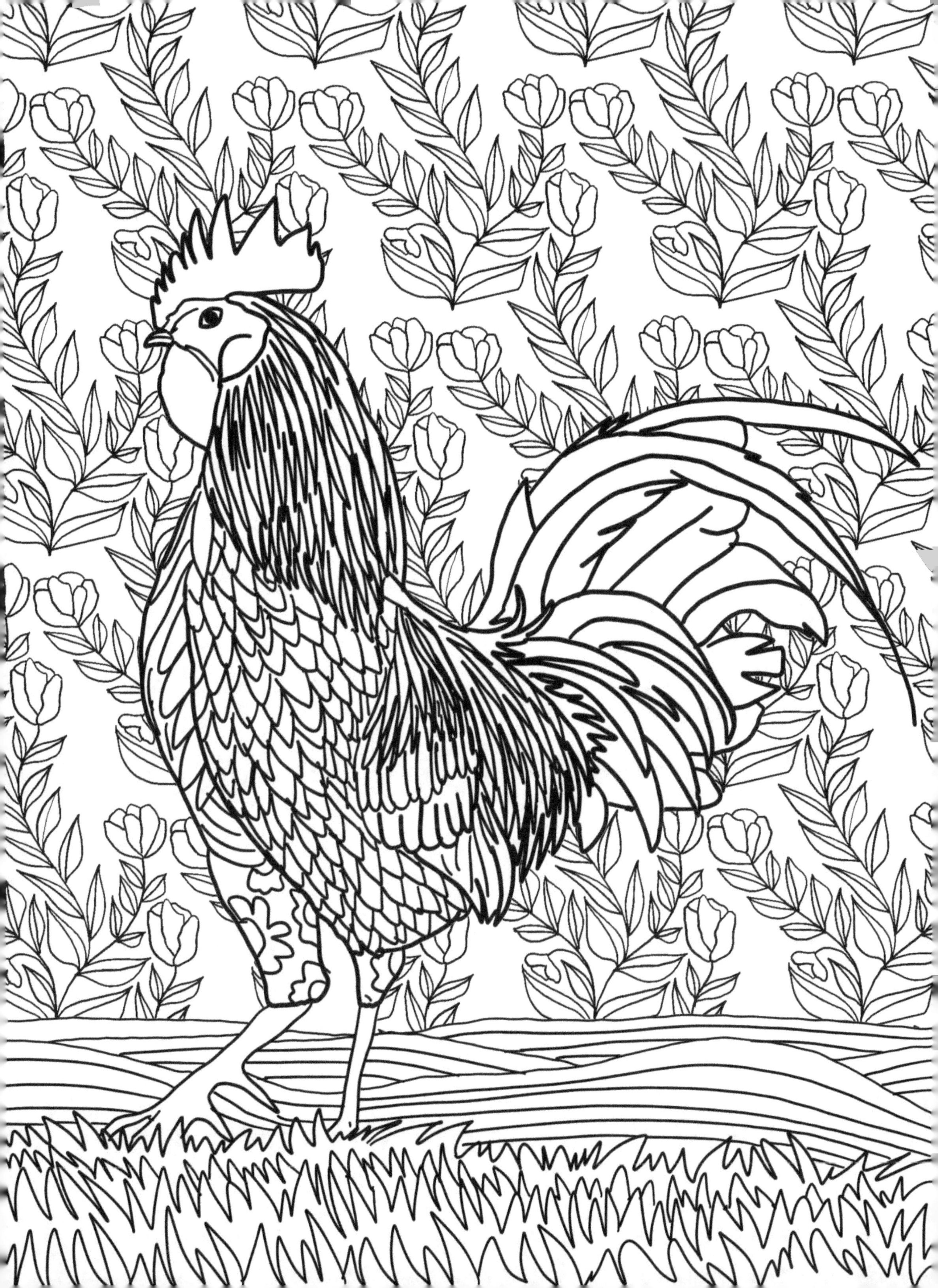

8 ENGLAND

England, mit seinen grünen Landschaft und monumentalen architektonischen Besonderheiten, ist einer der faszinierendsten Orte der Welt. Es enttäuscht nie, ob durch die Vielfalt von Londons unvergleichlicher Theaterszene oder den römischen Überresten des Hadrianswalls. Die Straßen und Städte locken Tag und Nacht mit den hervorragendsten Museen und erstklassigen Restaurants.

8.1 Big Ben

Big Ben ist der Name der großen Uhrglocke im Palace of Westminster in London. Sowohl die Uhr als auch der Turm werden gewöhnlich als Big Ben bezeichnet, obwohl der Turm offiziell Elizabeth Tower genannt wird. Er wurde von Augustus Pugin entworfen und 1859 im neogotischen Stil fertiggestellt.

8.2 Löwe

Der Berberlöwe ist das Nationaltier Englands und wurde im Mittelalter in der Menagerie des Londoner Towers gehalten. Löwen werden in der englischen Wappenkunde oft als Stützer oder Halter von Schilden dargestellt. Sie erscheinen auch im Zusammenhang mit nationalen Denkmälern und Skulpturen sowie als Symbol der nationalen Sportmannschaften.

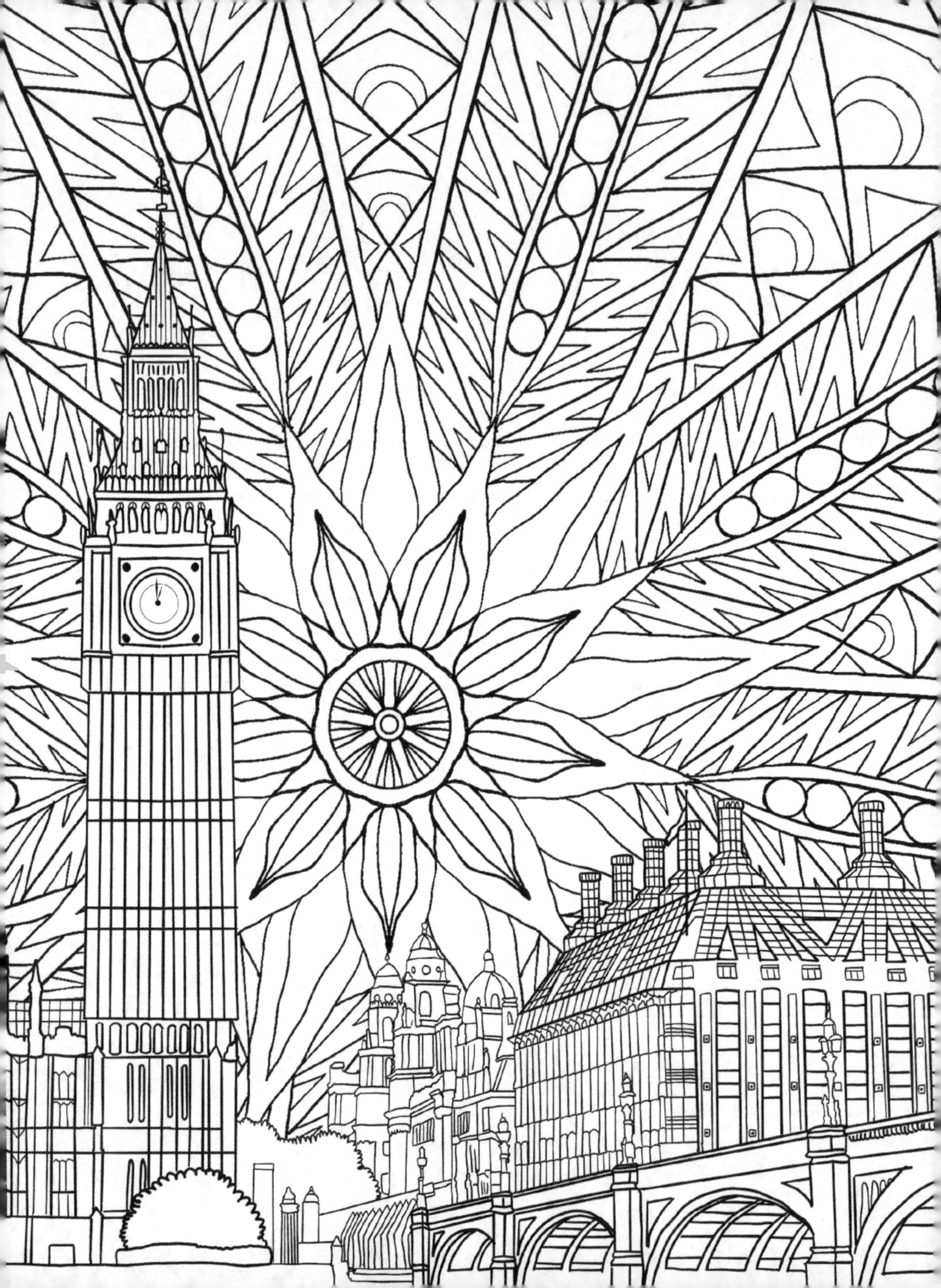

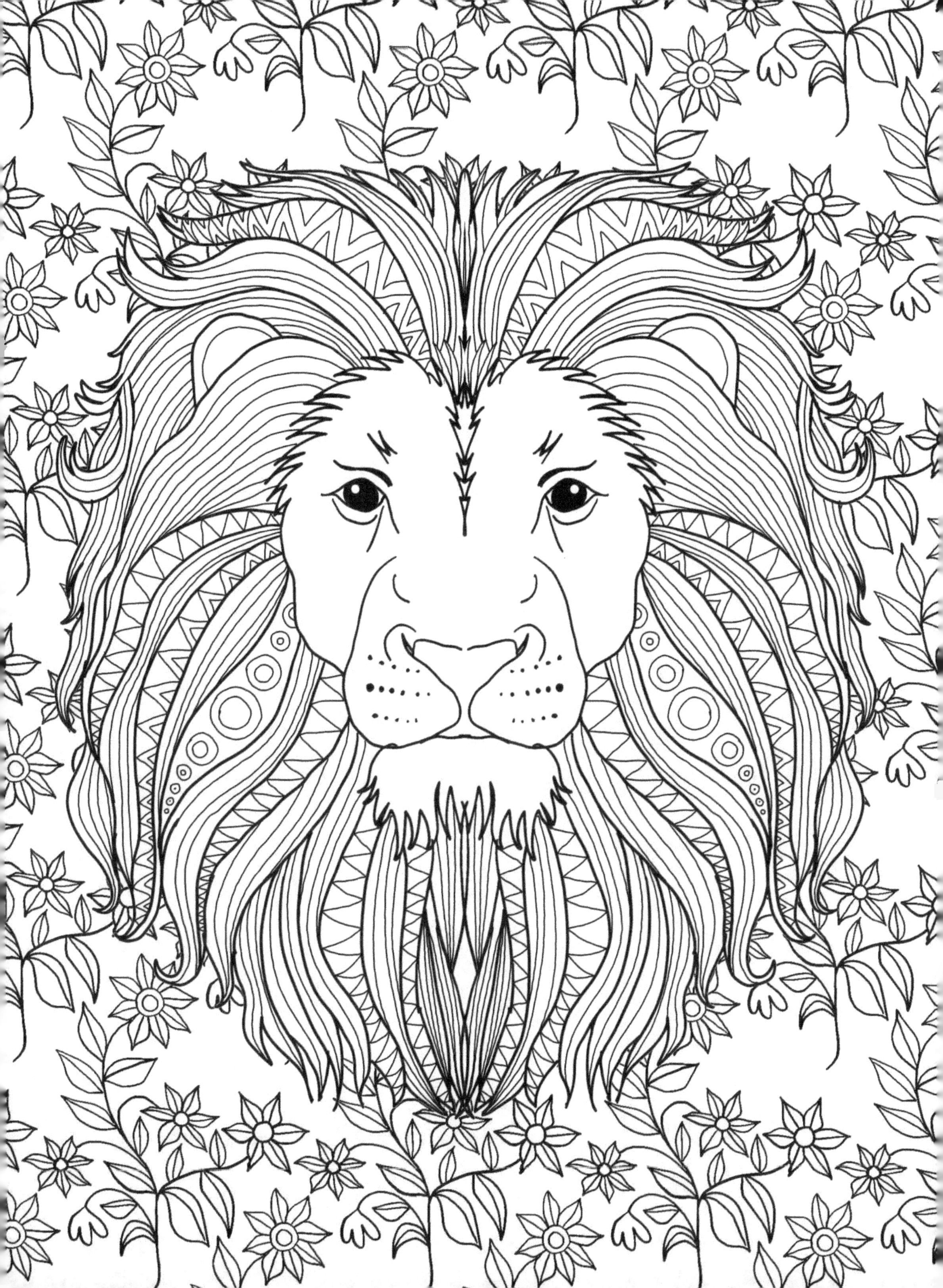

9   KOLUMBIEN

Kolumbien ist mit seiner karibischen Küste, dem Amazonas-Regenwald und den archäologischen Ruinen das faszinierendste Land Südamerikas. Seine äquatoriale Lage beschert ihm diversifizierte Landschaften, die als solche einmalig sind. Ein Besuch in die Hochebene führt Sie vom karibischen Sand zu smaragdgrünen Berggipfeln. Kolumbien ist ein Land, das in jedem Fall einen Besuch wert ist.

9.1   Plaza del Bolívar

Der Bolívar-Platz ist der Zentralplatz der kolumbianischen Hauptstadt Bogotá und wurde bis 1821 Plaza Mayor genannt. Er befindet sich im Herzen der Stadt und beherbergt eine Statue von Simón Bolívar, die von dem Italiener Pietro Tenerani gestaltet wurde, und ist das erste öffentliche Denkmal der Stadt.

9.2   Der Andenkondor

Der Andenkondor ist ein südamerikanischer Vogel, der zur Familie der Geier gehört, welche am häufigsten in Kolumbien vorkommen. Der Andenkondor ist mit einer Flügelspannweite von 3,3 Metern der größte fliegende Vogel der Welt. Es handelt sich um einen großen schwarzen Geier mit weißen Federn um den Halsansatz.

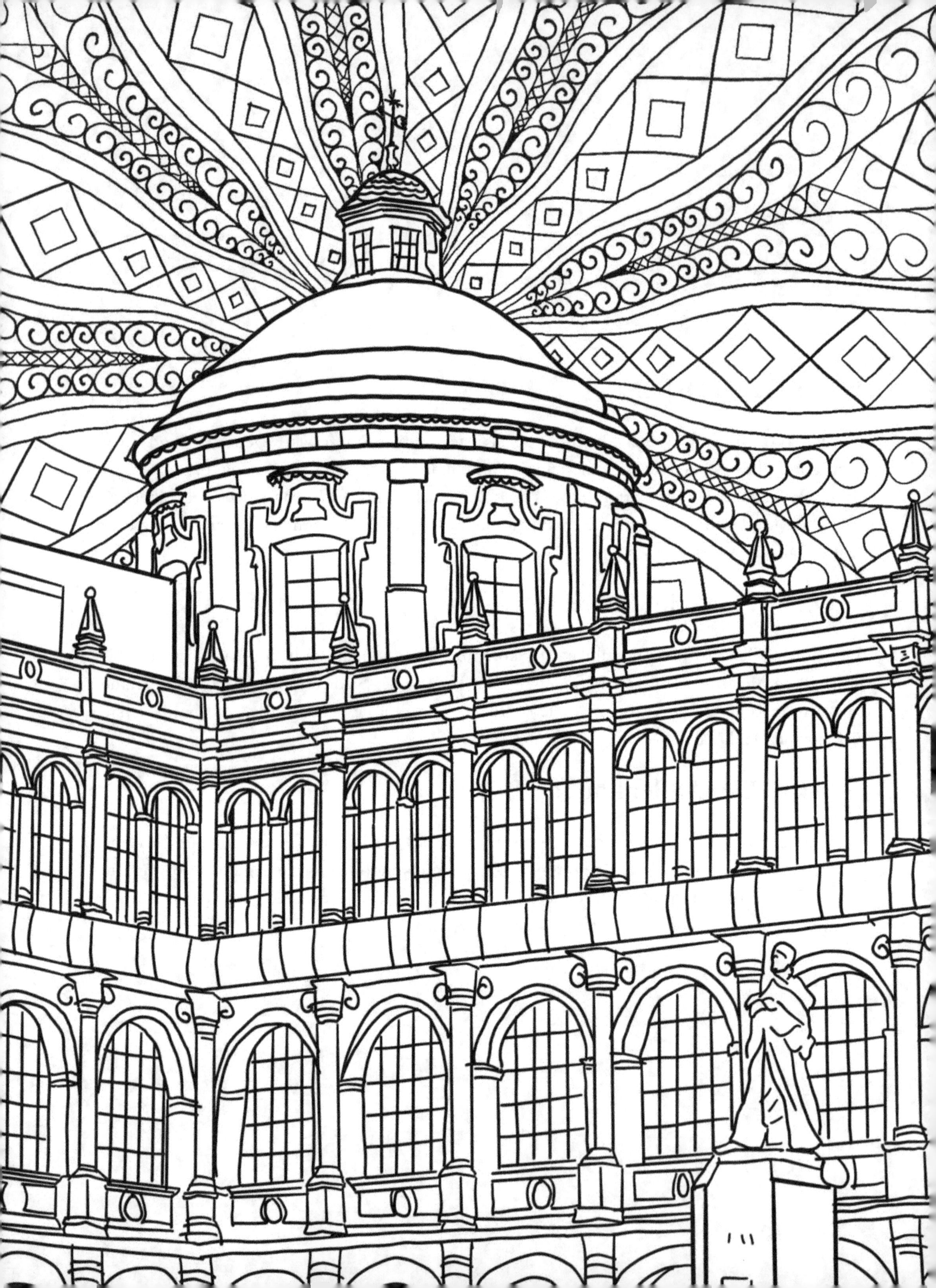

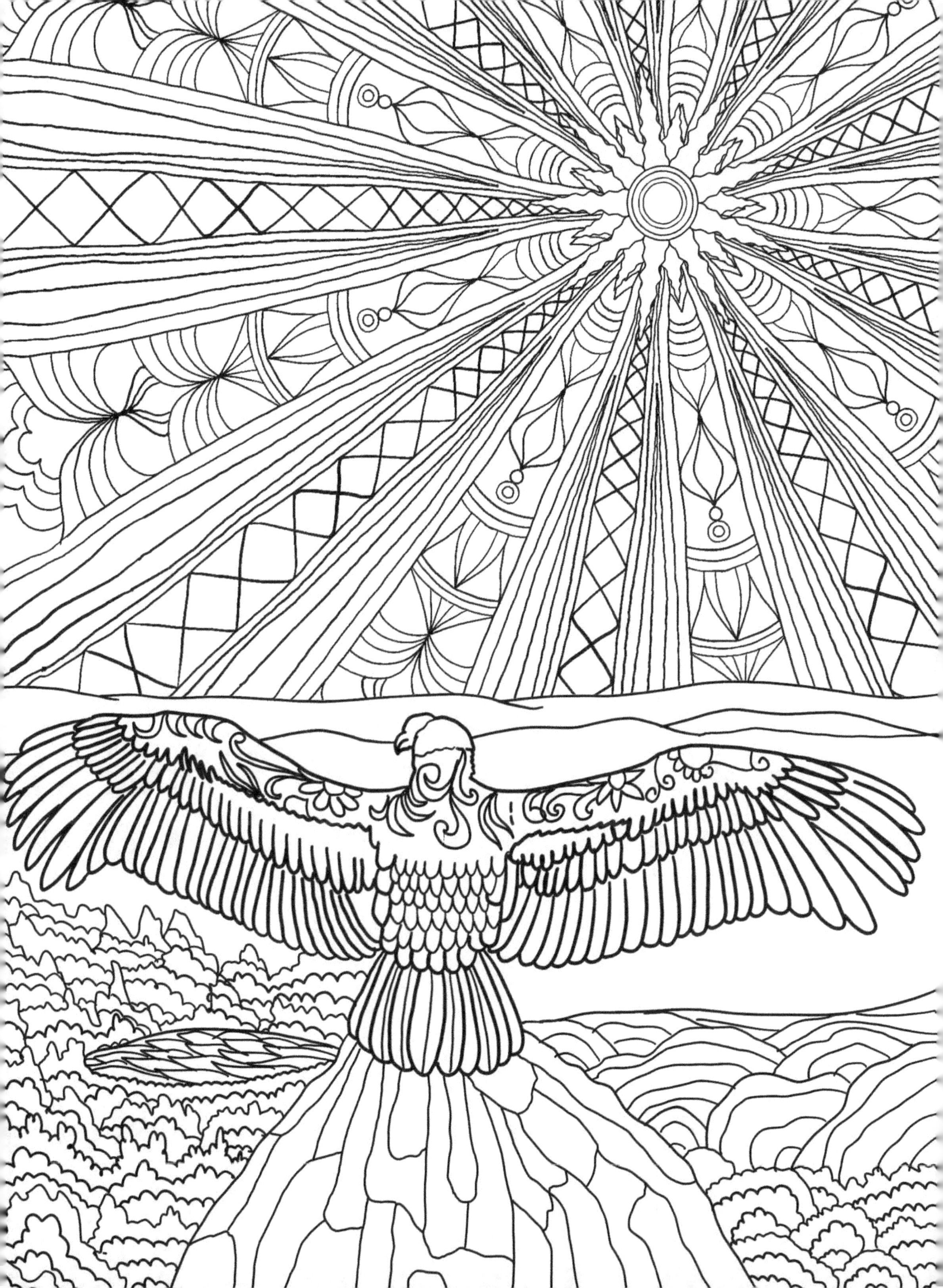

10 PERU

Peru ist ein vielschichtiges Land mit ausgedehnten Festivitäten, die seine alten Riten kennzeichnen, und einer Natur gefüllt mit prächtiger Vielfalt und urbanisierter Innovation. Besucher lieben das Land wegen der großen Diversität, die es bietet, von der herrlichen alten Ruinenstadt Machu Picchu bis zu den präkolumbianischen Ruinen von Chan Chan.

10.1 Machu Picchu

Machu Picchu ist eine Inka-Zitadelle aus dem 15. Jahrhundert, die auf einem Bergrücken in 2`430 Metern Höhe liegt. Sie befindet sich in der Region Cusco im Heiligen Tal und wurde im klassischen Inka-Stil mit polierten Trockensteinmauern erbaut. Zu den drei Hauptstrukturen des Gebäudes gehören der Intihuatana, der Sonnentempel und der Raum der drei Fenster.

10.2 Alpaka

Das Alpaka ist ein langhaariges, südamerikanisches, nach und nach domestiziertes Säugetier, das mit dem Lama verwandt ist und wegen seiner Wolle geschätzt wird. Die peruanischen Alpakas haben aufgrund der Qualität ihrer Wolle eine große Bedeutung in der Textilindustrie. Sie werden in Herden gehalten und weiden das ganze Jahr über in großen Höhen.

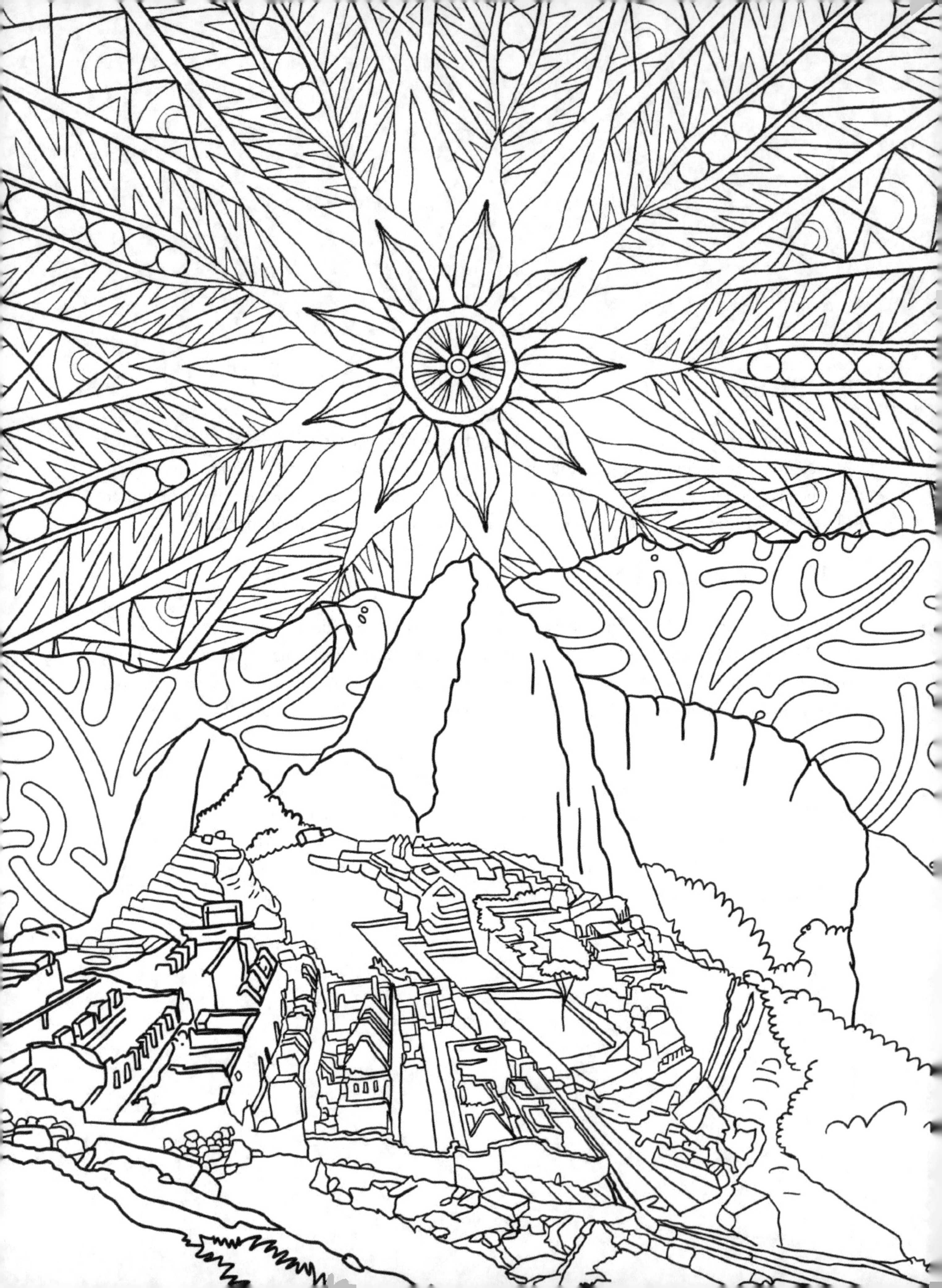

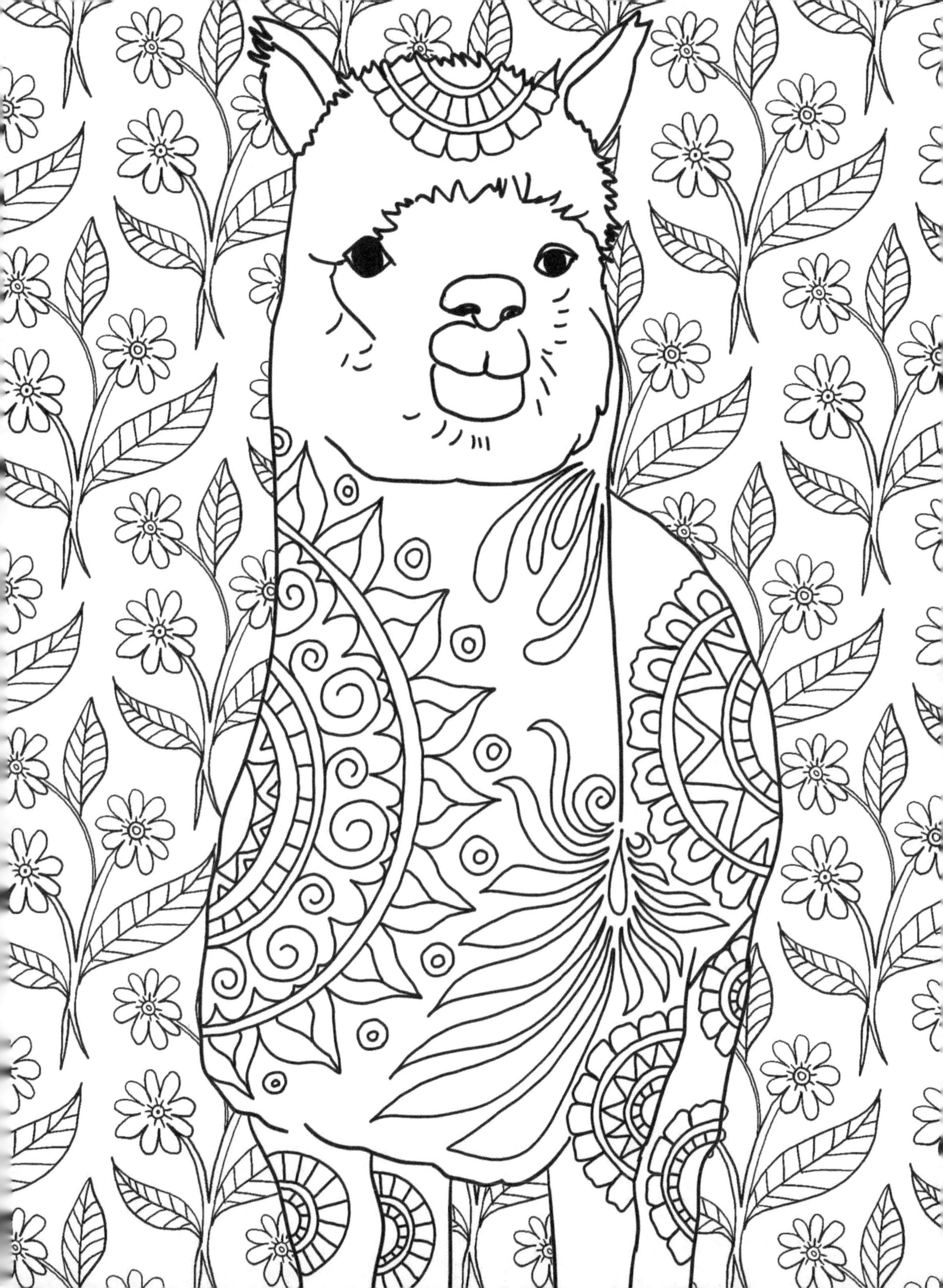

11 NEUSEELAND

Neuseeland beheimatet großartige Nationalparks, erstklassiges Ski- und Surfgebiete sowie die dynamische Māori Kultur. Kurzum, Neuseeland ist vollgepackt mit Action und sollte zweifelsohne auf Ihrer Wunschliste stehen. Mit seinen Wäldern, Seen, Stränden und Bergen ist es eine der attraktivsten Wanderdestinationen der Welt.

11.1 Der Sky Tower

Der Sky Tower ist ein Aussichts- und Fernmeldeturm an der Kreuzung der Victoria- und Federal Street in Auckland, Neuseeland. Er misst 328 Meter. Seine herausragende Größe macht ihn zum höchsten freistehenden Bauwerk der südlichen Hemisphäre. Aufgrund seines einzigartigen Designs und seiner Höhe ist er ein ikonisches Wahrzeichen des Landes.

11.2 Der Kiwi

Der Kiwi ist ein einheimischer, flugunfähiger Vogel Neuseelands, der auch das Nationalsymbol des Landes ist. Der Vogel ist aufgrund seiner großen Eier und seiner kräftigen, aber kurzen Beine unverwechselbar. Der Kiwi ist ein Emblem für das Land und wird insofern stark mit der Nation assoziiert, als die Menschen Neuseelands international unter diesem Namen bekannt sind.

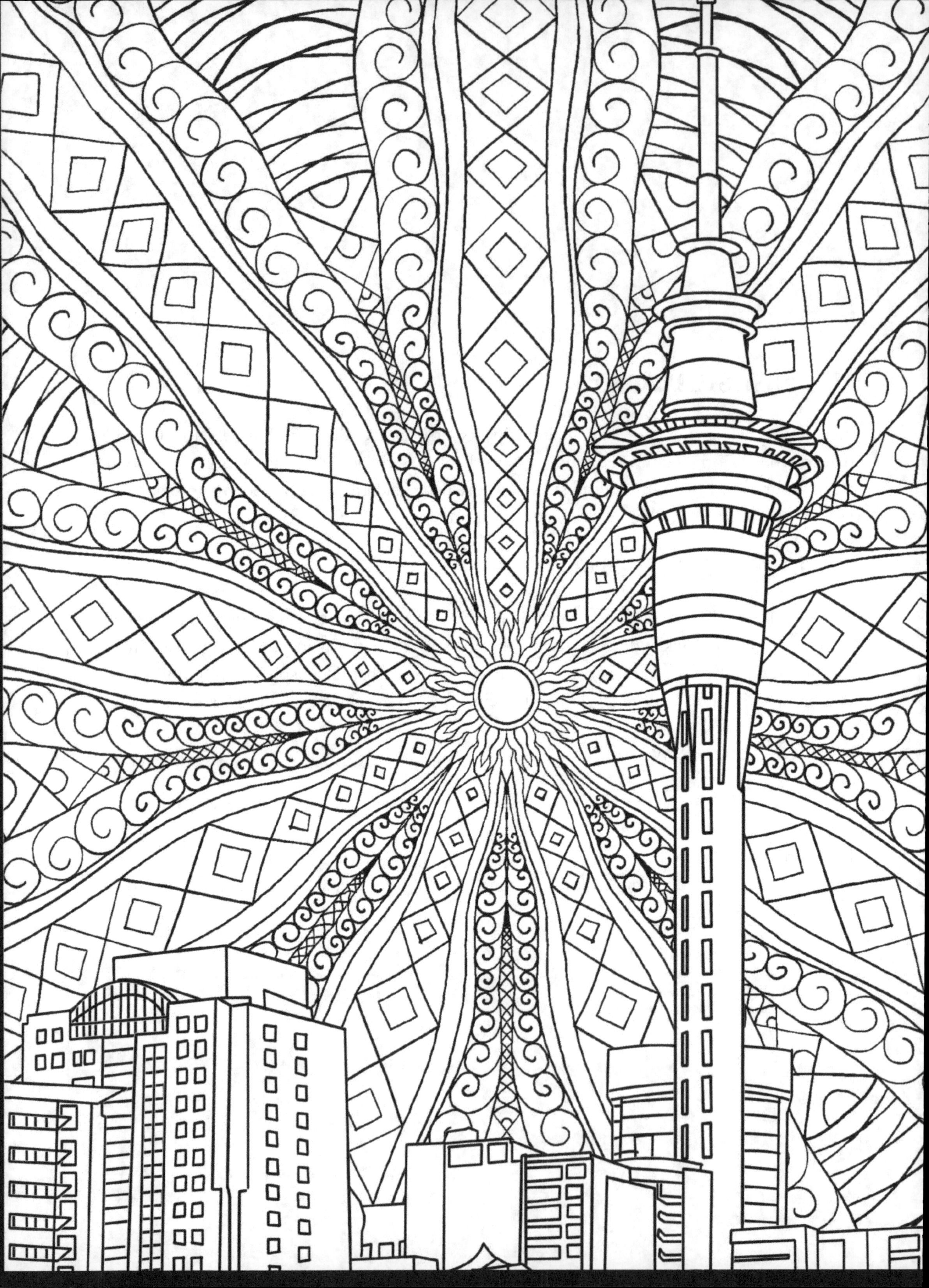

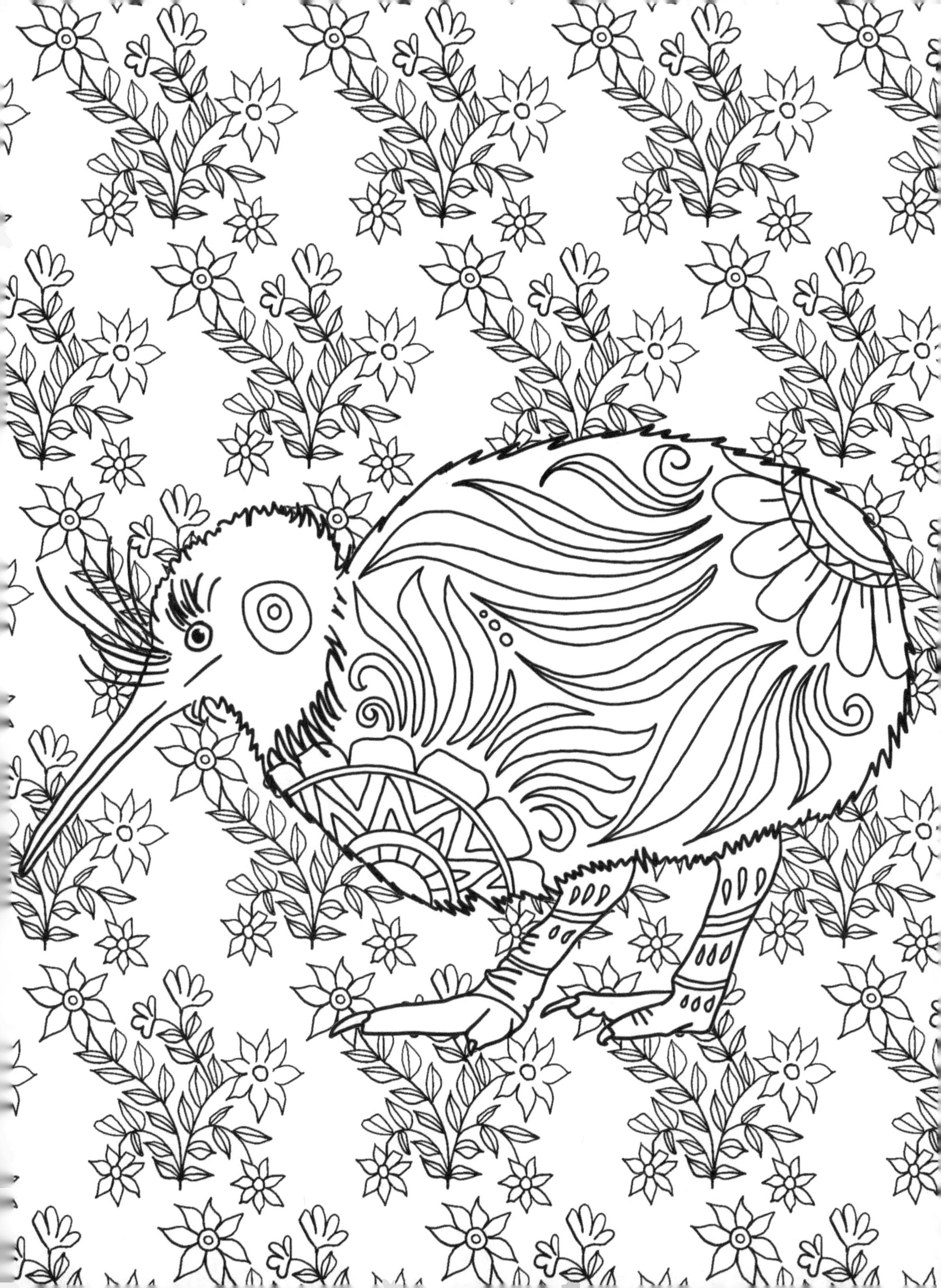

12 RUSSLAND

Russland ist das größte Land der Welt. Es bietet alles, von historischen Städten und künstlerischen Reichtümern bis hin zu idyllischen Landschaften, bemerkenswerten Zugfahrten und einem wodkareichen Nachtleben. Mit seinen schimmernden Palästen und ummauerten Festungen sowie den Kirchen mit wirbelförmigen Dächern ist es ein wahr gewordener Traum für jeden Geschichtsliebhaber.

12.1 St. Basilius-Kathedrale

Die St. Basilius-Kathedrale ist eine Kirche auf dem Roten Platz in Moskau. Das Gebäude, das heute als Museum dient, wurde von 1555-1561 von Iwan dem Schrecklichen zum Gedenken an die Gefangennahme von Astrachan und Kasan erbaut. Das Gebäude ist nach dem Abbild einer Lagerfeuer-Flamme geformt und ist für die russische Architektur von großer Bedeutung.

12.2 Bär

Der Bär ist ein bedeutender Teil der russischen Kultur, wie durch seinen Auftritt als Protagonist in vielen russischen literarischen Werken, von Volksmärchen bis hin zu Sprichwörtern, bezeugt werden kann. Er wird für ein gutmütiges Tier gehalten, das ein gewisses Charisma ausströmt und in den meisten Volksmärchen eine liebevolle Namensgebung erfährt.

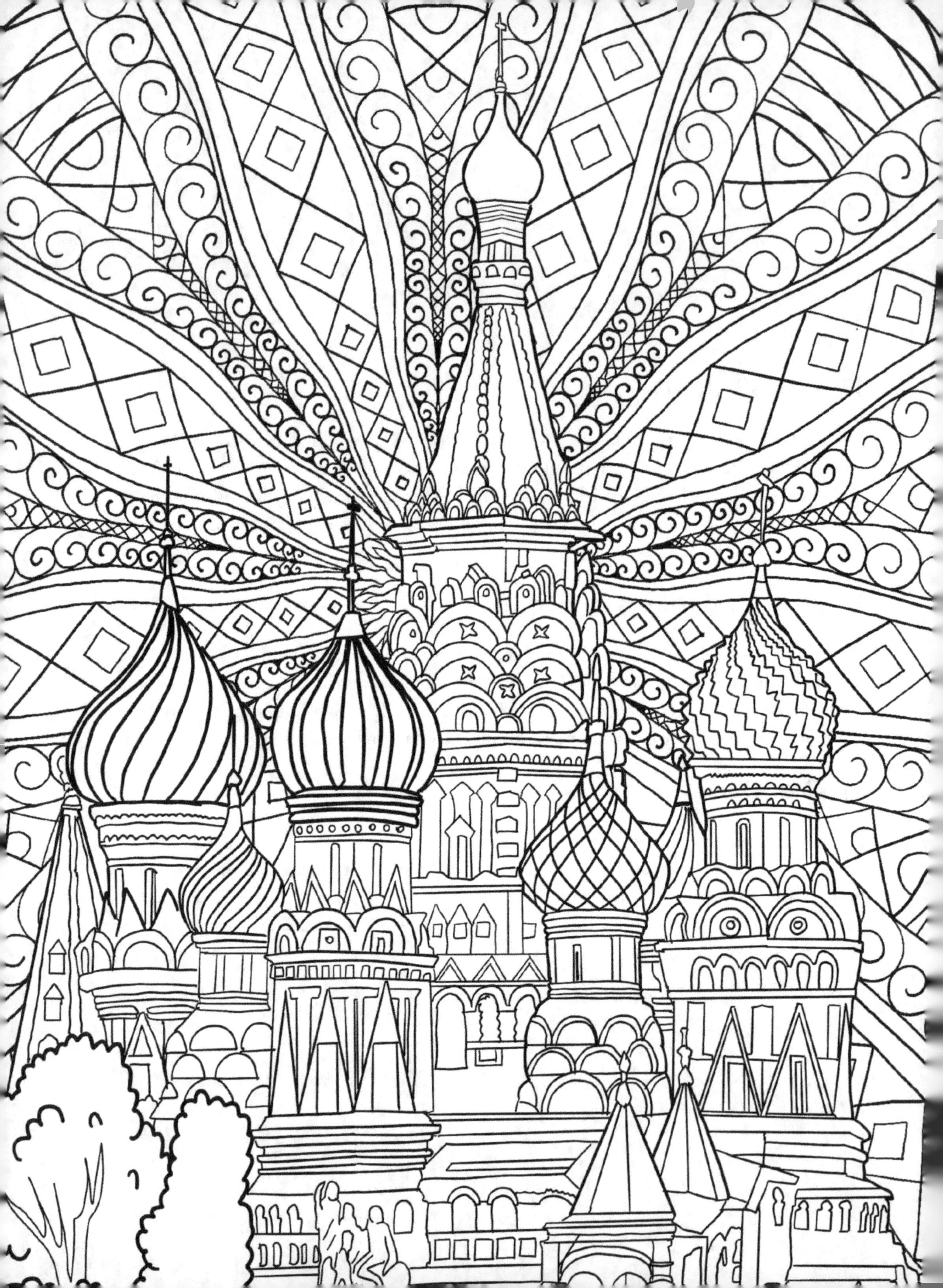

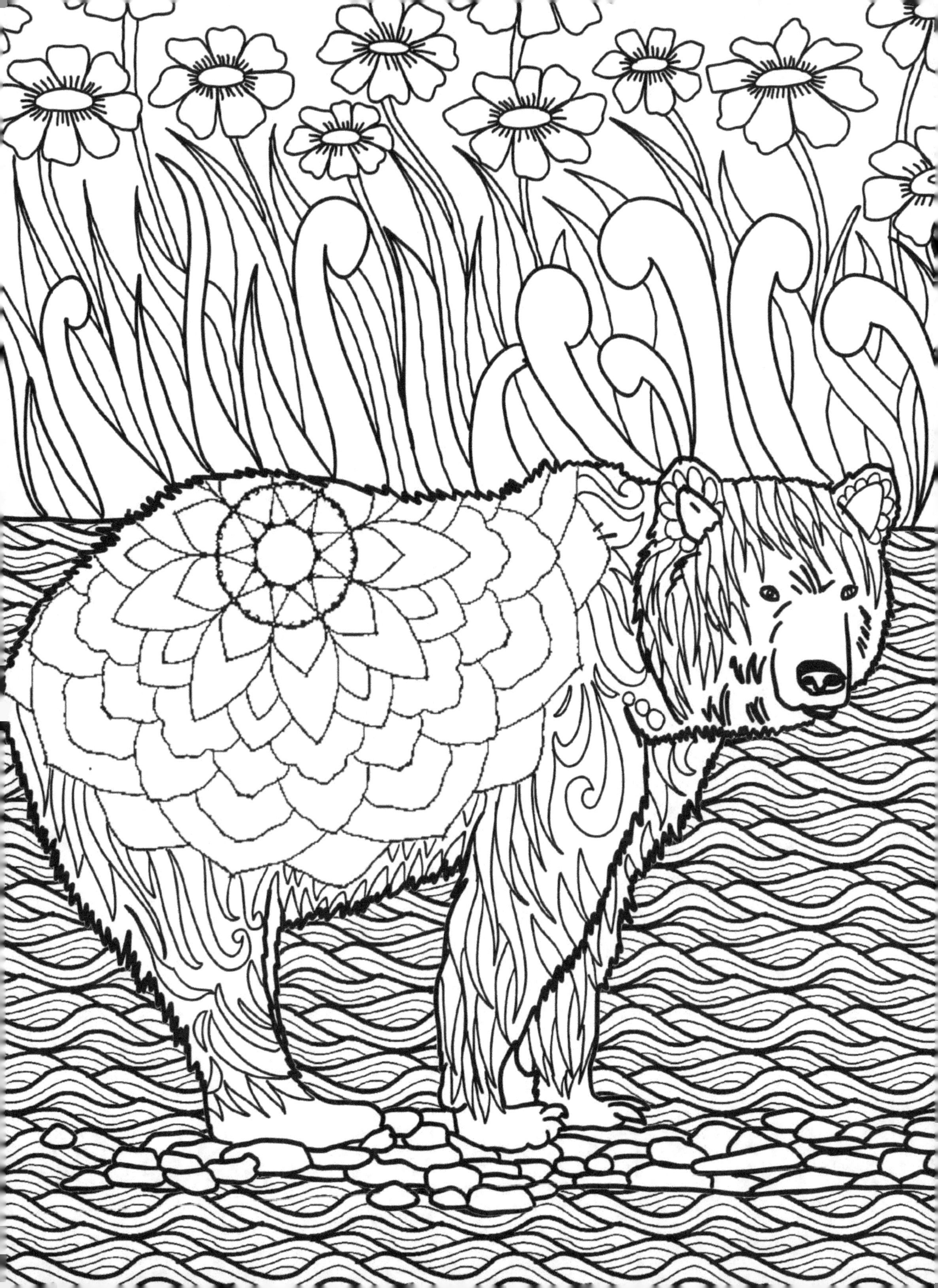

www.ingramcontent.com/pod-product-compliance
Lightning Source LLC
Chambersburg PA
CBHW080402030726
47598CB00010B/2854